El arte de acompañar

CDD 616	**Piccininni, Victor** **El arte de acompañar: herramientas y prácticas para el** **acompañamiento personal y espiritual en cuidados paliativos /** Victor Piccininni. - Quilmes: Hypatia, 2018. 68 p. ; 19 x 13 cm. ISBN: 978-987-4018-16-8 1. Cuidados Paliativos. 2. Acompañante Terapéutico. I. Título.

Ilustración de tapa: Pupé
Diseño: HYPATIA

ISBN: 978-987-4018-16-8
Primera Impresión: agosto 2018
Segunda Impresión ampliada: septiembre 2018

Se terminó de imprimir en julio de 2018
en los talleres de Modelo para Armar
Pte. Luis Saenz Peña 647,
Ciudad Autónoma de Bs. As.

Editorial HYPATIA
Buenos Aires – Argentina
e-mail: hypatiaeditorial@gmail.com
Impreso en Argentina – Printed in Argentina

Víctor Piccininni

El arte de acompañar

Herramientas y Prácticas
para el acompañamiento personal
y espiritual en Cuidados Paliativos

ÍNDICE

PRÓLOGO

Todos nosotros estamos en tránsito por esta vida, por este mundo, hacia un destino a veces negado o incierto, a veces sospechado o soñado, a veces querido o intuido. ¿Cómo acompañar a las personas que inician su viaje y su transformación interna más importante? ¿Cómo alivianar su "mochila" del peso innecesario que puede frenar su vuelo?

El cuidado y el acompañamiento a las personas que transitan por momentos críticos en sus enfermedades o se acercan al final de sus vidas es una tarea sublime, plena de significados y sentido. Es una acción que no requiere de cualidades personales especiales.

Se trata fundamentalmente de dejar que se expresen del modo correcto y adecuado para la otra persona, el amor, la bondad y la compasión que todos tenemos dentro. Entonces, cuando eso sucede, **el "acompañar" se convierte en "arte"**. Mi cuerpo, mi corazón y mi mente se unen en un acto válido que tiene como único destino el bienestar y la libertad interior de esa mente y ese corazón ajeno que estoy acompañando.

La experiencia personal en el acompañamiento de muchas personas en los momentos finales de su existencia física me ha fortalecido y han fortalecido en mí la certeza de que la muerte física es un momento de transformación interna profundo y es un tránsito hacia un nuevo destino. Esta certeza me ha llevado a recopilar en este escrito las enseñanzas, herramientas y prácticas que me han ayudado en la tarea, y que considero válidas y de gran ayuda para cuidar y acompañar a otros.

Muchas personas se encuentran en situación de cuidar y acompañar a otros. Muchas dudas y preguntas suelen surgir:

- ¿Qué es lo más adecuado hacer?
- ¿Qué decir, o qué callar, en cada momento?
- ¿Cómo calmar el sufrimiento mental que oprime el corazón de la persona que acompañamos?
- ¿Cómo ayudar a "sanar" las heridas de la mente que parecen desbordar el corazón de quienes parten y de muchos de sus seres queridos?

- ¿Cómo ayudar a que la reconciliación y el amor profundo desplieguen sus alas y transformen la vida y también la muerte?
- ¿Cómo desplegar e irradiar la bondad y la verdadera compasión que anida en lo profundo de nosotros mismos?

Cuando he podido re-significar el momento de la muerte, se ha también re-significando el momento de la vida, acercándome a una dimensión donde la paz interna, el acuerdo conmigo mismo y una muy suave alegría brota en mi interior. En esos momentos, una comprensión profunda del sentido de la existencia humana y de la certeza de la trascendencia espiritual se hacen presentes.

Este escrito responde a la necesidad interna y personal de transmitir aquellas enseñanzas y prácticas que han sido buenas para mí y para otros. Es el intento de responder, aunque sea mínimamente a algunas de las preguntas anteriormente formuladas.

Mi agradecimiento a todos quienes han colaborado para que esta obra llegue a destino. A Rosita Ergas, Elsa Sierra y Catalina Portel por compartir sus materiales y experiencias en los temas que se tratan en esta Guía. A Dario Ergas, Roberto Blueh y Andrés Koryzma por los valiosos intercambios y comentarios. A Tamara Gastelaars por la invalorable y excelente ayuda en las correcciones y recomendaciones finales. A Mariana "Pupé" Pereyra por las ilustraciones. A Ana Lía Dellacasa y Silvia Gomez de la Editorial Hypatia por el impulso y ayuda para llegar a la edición final de la obra. Y especialmente al Equipo de la Unidad de Cuidados Paliativos del Hospital Tornú de la Ciudad de Buenos Aires quienes son ejemplo viviente de una actividad diaria donde a la excelencia profesional se integran el trato y el acompañamiento solidario, bondadoso y compasivo.

Mi profundo agradecimiento a Silo quien con su enseñanza me abrió las puertas del verdadero Sentido y de ese modo pude descubrir que la vida no termina en el absurdo cosificador de la muerte.

Este escrito es un humilde intento por irradiar su obra allí donde la necesidad interna se hace presente, allí, en la frontera de esta vida, donde la existencia humana da sus últimos pasos para emprender después su nuevo destino.

Víctor Piccininni

"Te diré cuál es el sentido de tu vida aquí: ¡humanizar la Tierra!

¿Qué es humanizar la Tierra? Es superar el dolor y el sufrimiento, es aprender sin límites, es amar la realidad que construyes.

No puedo pedirte que vayas más allá, pero tampoco será ultrajante que yo afirme:

¡Ama la realidad que construyes y ni aún la muerte, detendrá tu vuelo!".[1]

SILO

---

1. SILO. *Humanizar la Tierra*. El Paisaje Interno. Cap. VII: Dolor, sufrimiento y sentido de la vida. Ed. Leviatán, Buenos Aires, 2011.

I

INTRODUCCIÓN GENERAL

Acerca de esta guía

Esta Guía está dirigida a todas aquellas personas que, directa o indirectamente, participan del proceso del cuidado paliativo y tiene por objetivo compartir y transmitir una serie de herramientas y prácticas orientadas al acompañamiento personal y espiritual.

La dimensión de lo "profundamente personal" y lo "espiritual" son características humanas universales y van más allá de los aspectos culturales, ideológicos o religiosos. Son expresión de lo esencial de la vida misma, de la búsqueda de la felicidad y de darle a la vida un sentido. Expresan también el contacto y la comunicación consigo mismo, con los demás, con la naturaleza, con el Universo y con todo aquello que cada persona considera pleno de significado. ¿Cómo no atender a ello en los momentos más importantes y significativos de la vida?

Por supuesto que la dimensión del acompañamiento personal y espiritual es tan amplia, profunda y abarca tantos matices, que sería imposible incluirlos en una "guía" escrita, por lo tanto, este trabajo es más bien una pequeña contribución, una ayuda, para quienes transitan y se encuentran ante la necesidad de cuidar y acompañar a otros.

Los trabajos y experiencias, aquí sistematizados, han sido y son de gran ayuda para minimizar el sufrimiento mental y para fortalecer los aspectos más profundos de la existencia y del sentido trascendente de la vida humana. Las prácticas, desarrolladas de un modo simple, se proponen ayudar al correcto y bondadoso acompañamiento de la persona, sus familiares y amigos y de los profesionales que acompañan este proceso.

Este trabajo no es un compendio de temas o desarrollos teóricos; se concentra específicamente en los aspectos personales y espirituales de los Cuidados Paliativos.

Es fundamentalmente una recopilación y sistematización de experiencias y prácticas realizadas durante muchos años en el acompañamiento de este tipo de procesos y situaciones vitales.

Estos aportes, estas experiencias y prácticas, se encuadran dentro de lo que podríamos definir como "humanizar la salud". Es decir, integrar en la práctica clínica los aspectos que hacen a la interioridad y espiritualidad humana, entendiendo que solamente con una mirada y una atención que integre los aspectos físicos, psicológicos y espirituales estaremos dando respuesta a la totalidad de las necesidades de todo ser humano, y más precisamente en este caso, a aquellos que transitan por momentos críticos y muy significativos en el umbral de sus vidas.

Los temas y las herramientas prácticas que se incluyen están inspirados en las ideas fundamentales del Nuevo Humanismo o Humanismo Universalista, en las enseñanzas dadas por Silo en su mensaje universal y de otros autores que han profundizado y trabajado en torno a estos temas fundamentales de la existencia humana. Finalmente, este escrito es también el "testimonio" del autor en su intento de compartir y trasmitir del modo más simple posible las propias experiencias y certezas que ha recopilado en el acompañamiento a otras personas a fin que puedan ayudar a comprender la profundidad y evolución de la vida…y también el profundo significado trascendente del proceso y momento de la muerte.

¿Cómo ayudar?... ¿Cómo cuidar?… y ¿cómo acompañar momentos tan significativos con la certeza que estamos haciendo lo mejor para los otros?

¿Cómo está organizada?

Hemos organizado el trabajo en cinco partes.

La primera parte: **Introducción general**, intenta resumir los objetivos de los Cuidados Paliativos.

La segunda parte: **El acompañamiento personal y espiritual**, incluye explicaciones breves acerca de las diferencias y relaciones entre "dolor físico" y "sufrimiento mental". Está destinado principalmente a enfatizar los aspectos que puedan generar la actitud interna y mental adecuada para la ayuda y el acompañamiento. Esta parte nos introduce también brevemente en la dimensión existencial y espiritual del ser humano.

Las partes tres y cuatro: **Herramientas para el acompañamiento personal** y **Herramientas para el acompañamiento espiritual** constituyen el núcleo principal de la Guía y detalla las herramientas y prácticas que se pueden realizar en forma personal o grupal por los interesados.

La parte cinco, **Anexos**, incluye una serie de temas de reflexión complementarios para desarrollar en forma personal o grupal y también las referencias bibliográficas para quienes quieran profundizar en los temas propuestos en las diferentes partes.

¿Qué son los Cuidados Paliativos?

Definiciones generales y conceptos esenciales [2]

> *"Si la muerte no fuera el preludio a otra vida,*
> *la vida presente sería una burla cruel".*
>
> M. Gandhi

Según la Organización Mundial de la Salud, 2002, los Cuidados Paliativos –CP– son un modelo de atención que mejora la calidad de vida de los pacientes con enfermedades avanzadas de pronóstico letal y la de sus familias, por medio de la prevención y el control del sufrimiento con la identificación precoz, **la evaluación y el tratamiento adecuados del dolor y otros problemas físicos, psico-sociales y existenciales.**

Entre sus características principales podemos destacar:

---

2. Texto extraído del *Manual de Cuidados Paliativos para la atención primaria de la salud.* Ministerio de Salud de la Nación. 2014.

- Proporcionan control del dolor y otros síntomas.
- Afirman la vida y consideran la muerte como un proceso normal.
- No intentan adelantar ni retrasar la muerte.
- **Integran los aspectos psicológicos y existenciales de la atención del paciente.**
- Ofrecen un sistema de apoyo para ayudar a los pacientes a vivir tan activamente como sea posible hasta la muerte.
- Ofrecen un sistema de apoyo para ayudar a la familia en su adaptación durante la enfermedad del paciente y el periodo de duelo.
- Utilizan el trabajo en equipo para satisfacer las necesidades de los pacientes y sus familias, inclusive durante el duelo.
- Aumentan la calidad de la vida y también pueden influir positivamente en el curso de la enfermedad.

Se pueden aplicar precozmente en el curso de la enfermedad, en combinación con otros tratamientos que intentan prolongar la vida, como la quimioterapia o la radioterapia, e incorporan las investigaciones necesarias para entender más y manejar mejor las complicaciones clínicas.

Los CP pueden realizarse tanto en el domicilio como en un lugar de consulta ambulatoria, durante la internación en un hospital general o en unidades específicas, en casas de cuidados –hospicios– o geriátricos, etc.

Los CP abarcan diferentes etapas. Comienza con CP tempranos en paralelo a los primeros tratamientos específicos de la enfermedad, siguiendo con los CP de fin de vida en la etapa donde se avecina la muerte física de la paciente y finaliza con la etapa de CP en el duelo acompañando a la familia y seres queridos de la persona.

En todos los casos, la unidad de tratamiento es siempre **paciente-familia-entorno** –o entorno significativo–. Entorno significativo se refiere a todas aquellas personas que, independientemente de su cercanía o lejanía física, se encuentran ligadas afectiva y significativamente a la persona.

Los CP no solo están dirigidos a personas con enfermedades oncológicas; también a personas con **enfermedades potencialmente crónicas, pro-**

gresivas y/o avanzadas con pronóstico de vida limitado.

La esfera de atención no solo se limita al malestar físico, sino que se trabaja con la persona en forma **multidimensional, apreciando además la esfera emocional, social y espiritual.**

II

EL ACOMPAÑAMIENTO PERSONAL Y ESPIRITUAL

"Cuando tratas a los demás como quieres que te traten, te liberas" [3]

SILO

Aquí se presentan algunos puntos que consideramos de suma importancia comprender y tener en cuenta en el acompañamiento personal en general y en el acompañamiento en los Cuidados Paliativos en particular.

Se trata de breves explicaciones destinadas principalmente a los profesionales, parientes, amigos y voluntarios en situación de "acompañantes". Tener en cuenta estos aspectos, ayudará a fortalecer la acción que se desarrolla, y ayudará a generar una adecuada actitud interna y mental desde la cual enfocar las actividades de acompañamiento personal y espiritual que se realizan. El acompañamien-

____

3. SILO. *Humanizar la Tierra*. La Mirada Interna. Cap.XIII: Los Principios. 2011.

to espiritual es la práctica de reconocer, acoger y dar espacio al diálogo interior de la persona, para que el mismo pueda dar voz a sus preguntas y dar vida a sus respuestas. Es decir, ayudar a la persona a despertar o a sacar a la luz el anhelo, la búsqueda interior que toda persona puede tener.[4]

Dolor físico y sufrimiento mental

Es importante distinguir entre "dolor" y "sufrimiento".

El "dolor" es físico y su retroceso depende del avance de la sociedad y la ciencia. En este campo específico, los avances de la ciencia médica en los últimos años han permitido el desarrollo de innumerables mecanismos para minimizar el dolor físico y mejorar la calidad de vida de las personas en situación de cuidados paliativos.

El "sufrimiento" es emocional y mental. Se sufre por temor a perder lo que se tiene, por temor a no lograr lo que se desea, por temor a la

____

4. Benito E., Barbero J., Payás A. SECPAL. *El acompañamiento espiritual en Cuidados Paliativos*. 2008.

enfermedad, a la soledad, a la muerte y por temor en general. La incomunicación, la angustia, la desorientación, la violencia externa e interna son generalmente consecuencias del sufrimiento mental cuando no puede ser tratado de una manera adecuada.

El sufrimiento es mental y su retroceso depende de la reconciliación profunda consigo mismo y con los demás.

El dolor físico y el sufrimiento mental interactúan, se realimentan mutuamente y necesitan ser enfocados de una manera integral.

Esta Guía se enfoca en el sufrimiento mental y la manera de obrar para evitarlo, lo que seguramente influirá también en positivos avances en el campo del dolor físico.

La dimensión existencial del ser humano. El sentido de la vida

El ser humano no es solamente un cuerpo físico. Sus emociones, sus aspiraciones, sus ideas, sus proyectos y su búsqueda de sentido en la vida denotan también su profunda dimensión existencial y espiritual.

Cuando el ser humano encuentra un sentido verdadero en la vida y se reconcilia consigo mismo, hace retroceder el sufrimiento mental y despeja el camino hacia la felicidad propia y de quienes lo rodean.

La sospecha, creencia, experiencia o simple intuición de un sentido trascendente de la vida más allá de la muerte física abre las puertas para la reconciliación y para la superación del sufrimiento interno. Esta experiencia, por mínima que sea, se traduce también en el aspecto físico, generando las mejores condiciones para el bienestar o para mitigar el dolor.

La reconciliación profunda con uno mismo y con los demás

Es muy importante reconciliarnos internamente con nosotros mismo y con aquellos que creemos nos han perjudicado o con quien nos sentimos resentidos.

La reconciliación profunda nos conduce al sentido trascendente de la propia vida.

Reconciliación no es olvidar los agravios o situaciones ocurridas.

La reconciliación va más allá del perdón, intentando además comprender lo que ocurrió para que la mente pueda quedar en paz, sin disimulos ni falsificaciones.

La reconciliación sincera con nosotros mismos y con aquellos que nos han herido nos lleva a la transformación profunda de nuestra vida.

Cuando llegamos a comprender que en nuestro interior no habita un enemigo sino un ser lleno de esperanzas y fracasos, un ser en el que vemos en corta sucesión de imágenes, momentos hermosos de plenitud y momentos de frustración y resentimientos. Cuando llegamos a comprender que nuestro enemigo es un ser que también vivió con esperanzas y fracasos, un ser en el que hubo momentos de plenitud y momentos de frustración y resentimientos, estaremos poniendo una mirada humanizadora sobre la piel de la monstruosidad.

Reconciliar no es olvidar ni perdonar, es reconocer lo ocurrido y es proponer salir del círculo del resentimiento.[5]

La bondad y la compasión

La bondad y la compasión son actitudes fundamentales para ayudar a otros en la búsqueda de la reconciliación y en la superación del sufrimiento mental.

La bondad implica un acercamiento afectivo, cálido y respetuoso hacia el otro. La bondad se experimenta en el trato amable y en la comunicación sincera, calma y profunda.

La compasión no es "sufrir" ni "identificarse" con el sufrimiento de los demás. No es "sufrir" junto al otro. Esa actitud en general no ayuda a superar el sufrimiento.

La compasión implica "ponerse en el lugar del otro" de manera bondadosa, intentar "comprender su situación" y actuar con el otro "del

---

5. Silo. *Jornadas de Inspiración Espiritual en Punta de Vacas.* 2007. Disponible en www.silo.net.

modo en que uno quisiera ser tratado en dicha situación".

Existe un Principio que refleja en su máxima expresión al trato bondadoso y compasivo. Es aquel que dice: **"Trata a los demás como quisieras ser tratado"**

La reflexión y aplicación diaria en torno a este Principio nos pone en situación de **un trato solidario, bondadoso y compasivo hacia todos los demás** y es de fundamental importancia para tener en cuenta en todas las prácticas de acompañamiento en los Cuidados Paliativos.

El sentido de la vida, la muerte y la trascendencia. Reflexiones

Las situaciones límites y los momentos significativos de la vida –como son los accidentes y enfermedades graves o la cercanía de la muerte física, ya sea de uno mismo o de un ser querido– nos coloca en situación de reflexionar sobre aspectos esenciales que muchas veces se dejan de lado ante la aceleración de los acontecimientos de la vida cotidiana. La reflexión interior, calma y bondadosa, en torno a las preguntas fundamentales de nuestra existencia nos ayudarán a encontrar las mejores y más claras respuestas en la profundidad de nuestra propia conciencia y serán de gran ayuda para el acompañamiento en los Cuidados Paliativos.

Invitamos a leer y reflexionar interiormente sobre las siguientes frases[6]:

"No dejes pasar tu vida sin preguntarte:
¿Quién soy?

No dejes pasar tu vida sin preguntarte:
¿Hacia dónde voy?

No dejes pasar un día sin responderte:

¿Quién soy?

¿Hacia dónde voy?

¿Cuál es el sentido de mi vida?

¿Qué es realmente la muerte?"

---

6. Frases extraídas del libro *El Mensaje de Silo*. Parte III: El camino.

Recomendaciones para el acompañante. Preguntas y reflexiones útiles [7]

La ayuda a las personas en situación de cuidados paliativos hace necesaria nuestra disposición a poner en marcha una acción de mucha generosidad. Todos podemos ayudar, algunos lo podrán hacer con mayor conocimiento y capacitación que otros.

Citemos las valiosas palabras de Soygal Rimponché:

"Todos necesitamos asistencia emocional; es importante aprender a contener amorosamente, a dar sin condiciones, a no asustarse ante los contenidos erráticos y demoledores del enfermo, de responder con empatía a su necesidad de ser acompañado, escuchado y comprendido: Todo esto representa una garantía, una confianza en el hecho de que, aunque se debe morir solo, se cuenta con una presencia tranquilizadora que no nos abandonará."

---

7. Este punto está extractado e inspirado en ERGAS, ROSA B. *Luz en el Umbral.* 2007

Rescatamos a continuación algunas ideas sobre cómo conectarse con la propia capacidad de amar para apoyar y satisfacer las necesidades emocionales de quienes se enfrentan a la muerte:

- **Tomar contacto primero con lo mejor de sí mismo.**

  Antes de ir a la cabecera de una persona, intente conectarse con lo más profundo de sí mismo, con aquello que considera "sagrado" y "profundo". Tómese un breve tiempo, unos segundos… e intente sentir aquello esencial y "profundo" que anida en su interior.

- **Posibilitar una comunicación abierta, sincera y profunda.**

  Es esencial establecer una comunicación sincera y libre de temores. Lo decisivo es animar a que la persona se sienta libre de expresar sus emociones, sin temores ni restricciones. Aprendamos a escuchar sin juzgar, sin opinar… a generar un silencio receptivo y bondadoso.

- **Frases útiles para iniciar una comunicación.**

  Cuando el momento es oportuno, sin imposiciones ni rigideces, uno podría preguntar:

  - *¿Te gustaría conversar?... Se puede añadir que uno tiene tiempo y que está disponible.*
  - *Si no te molesta, ¿cuéntame un poco qué te sucede?*
  - *¿Qué ha sido lo más difícil para ti?*
  - *¿Hay algo que pueda hacer por ti?*
  - *¿Hay algo que te preocupa?... ¿Quisieras decirme algo?*
  - *Puedes compartir conmigo aquello que te preocupa, lo que tienes pendiente o aquellas otras cosas y pensamientos que imaginas y quisieras compartir.*

- **No imponer las propias creencias.**

  El amor y la compasión son los instrumentos para que la otra persona pueda expresar sus sentimientos más profundos. Esa es nuestra búsqueda.

  Nunca intentemos convencer a otros imponiendo las propias creencias o diciendo qué es lo que el otro debería hacer. Seamos instrumentos para facilitar su propio proceso de apertura, comunicación y reflexión y no para imponer las propias creencia o ideas.

No es conveniente utilizar frases como:

· *Usted "tiene" que… o "no tiene" que…*

No es tampoco conveniente minimizar lo que la persona nos dice. Evitar respuestas o frases que se expresan como:

· *"No es nada…" o "no se preocupe…"*

- **Amor incondicional.**

  No creamos que debemos ser expertos en algo. Seamos nosotros mismos conectados con lo profundo y sagrado que anida en nuestro interior. De ese modo, la persona que acompañamos, tendrá la sensación de que "estamos realmente" con ella, comunicándonos con sencillez de igual a igual, de ser humano a ser humano. Intentemos comprender en profundidad sus necesidades y desde allí busquemos la comunicación profunda que parte del amor incondicional y de la compasión hacia el otro.

- **"Estar" con el otro. La contemplación y el silencio como cuidado y acompañamiento sanador.**

No creamos que siempre debemos decir o hacer algo en particular. Muchas veces, lo más importante es la **"presencia". Es una presencia plena, en profunda paz, en silencio, sintiendo que todo mi ser está allí, acompañando al otro. Mi cabeza, mi corazón y mi mente están plenamente allí, sin distracciones.**

Es una comunicación de "corazón a corazón", sin o con muy pocas palabras. Uno experimenta un encuentro interno y de profunda paz con el otro. **"Estar"** al lado del otro, en profundo silencio, sintiendo lo mejor de uno mismo e intentando sentir lo mejor y más profundo de quién acompañamos se convierte en una práctica sanadora.

La comunicación y el acompañamiento profundo y esencial se da también en el afectuoso y respetuoso silencio.

(Recomendamos leer y ejercitar hasta profundizar la práctica de la "atención" incluida en el Anexo B).

III

HERRAMIENTAS PARA EL ACOMPAÑAMIENTO PERSONAL

"No hay apego. No hay crítica,
ni enojo, ni opinión.

Escucho con bondadosa atención. Hay un
profundo silencio en mi interior.

Hay calma, un suave afecto y una suave
intención… solidaridad verdadera.

Hay profunda comunicación… hay compasión".

Esta serie de prácticas se apoyan en ejercicios simples que ayudan al logro de un rápido bienestar psicofísico.

Se pueden realizar con la persona que estamos acompañando –siempre con previa consulta a los profesionales médicos y enfermeras que atienden a la persona– y también son excelentes prácticas que se pueden realizar con los familiares, amigos y profesionales que lo asisten y reconocen la necesidad de su ejercicio.

Recomendaciones generales para todos los ejercicios, herramientas y experiencias:

- Se recomienda que el acompañante vaya siguiendo mental y experiencialmente en su propia interioridad el texto que lee o recrea con la persona, familiares o amigos. De este modo, la experiencia será "compartida" y se reforzará la atmósfera de comunicación profunda que necesitamos.
- Es muy útil que previamente a la práctica de estos ejercicios el acompañante haya leído las sugerencias desarrolladas en la parte 2 de la Guía –más precisamente el apartado *Recomendaciones para el acompañante. Preguntas y reflexiones útiles*, donde se dan algunas pautas y aspectos a tener en cuenta en el acompañamiento personal.

A. **Relax externo, interno y mental**

Objetivo: lograr una adecuada distensión de los músculos externos, internos y de la mente. El alivio de las tensiones musculares, emocionales y mentales mejora el descanso y permite el logro de calma y bienestar general.

Desarrollo: lectura guiada, con voz suave y pausada del siguiente texto.

"…Cierra los ojos.

Ahora comienza a aflojar tu cuerpo recorriéndolo hacia abajo paso a paso…

Comienza en tu cabeza, y desciende por los hombros, sintiendo cada parte, hacia los brazos. Sigue más abajo aún, hasta que sientas que tus manos se ablandan en tanto las relajas.

Siente cada músculo del rostro. Suaviza tus gestos y deslízate por el cuello hasta tu pecho. Distiende tu pecho con lentitud, recorriéndolo hasta el fin del tronco.

Y cuando lo hayas hecho no olvides aliviar tus espaldas. Quítales todo peso mientras bajas siguiendo tu columna hasta las piernas, hasta los pies.

Entonces habrás aflojado tu cuerpo, reconociendo cómo has quitado de él todo exceso, todo dolor. Ahora puedes ocuparte de tranquilizar tu corazón.

Acércate a él con calma, desde tu cabeza en su interior dejándote caer confiadamente por dentro de tu cuello hacia el pecho, más aún, hasta allí donde termina tu tronco, experimentando cómo tus emociones se van haciendo calmas y tu corazón accede a ellas tranquilamente, sin sobresalto.

Entonces aquietarás tu mente.

Escucha su trabajo en tu cabeza. Oye el rumor de tus propios pensamientos y haz silencio en tu mente. Quita de ella todo aquello que no sea presente y reconoce la quietud.

Habrás experimentado entonces por tu mismo, el estado que corresponde a tu cuerpo, a tu corazón y a tu mente, cuando en ellos no hay tensión. Y lo habrás hecho sencillamente, sin que tal cosa te haya exigido el abandono de nada.

Atiende por unos momentos a esto que experimentas ahora, y comprende que tal es sólo el principio de un estado que podrás hacer crecer en ti, si te resuelves con fe a superar el sufrimiento".

B. Experiencia de Paz[8]

Objetivo: la "Experiencia de Paz" permite profundizar las sensaciones de distensión y lograr una profunda calma y paz interior. Se sugiere realizarla luego del relax relatado en el punto anterior.

Desarrollo: lectura guiada, con voz suave y pausada del siguiente texto.

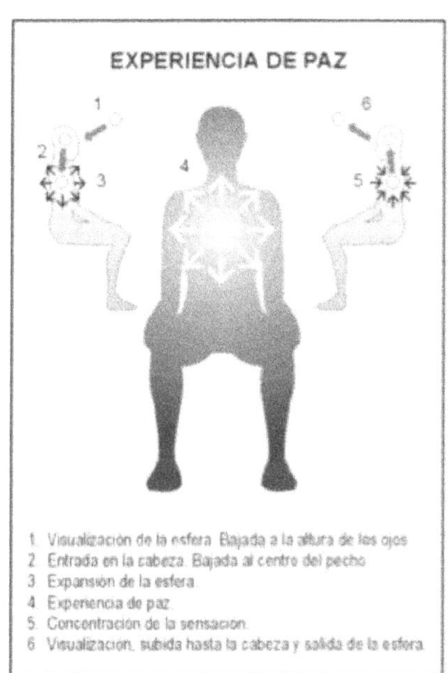

---

8. En base a la "Experiencia de Paz", libro *Autoliberación*. AMMANN, LUIS A. Argentina. Ed. Altamira. 2004.

Relaja plenamente tu cuerpo, y aquieta la mente...

Entonces imagina una esfera transparente y luminosa que, bajando hasta ti, termina por alojarse en tu corazón.

—si ubicar esa imagen te resultara difícil, atiende simplemente a la sensación de tu pecho sin sobresalto ni inquietud–.

Reconocerás al momento que la esfera comienza a transformase en una sensación expansiva dentro de tu pecho...

Lleva la sensación de la esfera hacia afuera del cuerpo. Deja, sin temor, que tus emociones y todo tu ser la sigan, experimentando calma y una alegría creciente...".

C. Meditaciones Breves. Juegos con imágenes[9]

Estas prácticas son reflexiones breves que se realizan con la ayuda de nuestra imaginación.

Objetivo: la movilización positiva de nuestras imágenes internas son una herramienta excepcional para el fortalecimiento interno y el logro de registros de paz, fuerza y alegría en nuestra vida.

Se trata de ejercicios simples que el practicante puede utilizar con el propósito de predisponerse positivamente para las actividades cotidianas y fundamentalmente para reflexionar sobre situaciones particularmente difíciles de nuestra vida que necesitan mayor comprensión y reconciliación.

Desarrollo: lectura suave y pausada del texto, invitando a acompañar el relato con las imágenes propias de cada participante. Vamos imaginando el relato intentando darle continuidad y realidad en nuestra propia interioridad.

---

9. Las "Meditaciones Breves" son adaptaciones resumidas de las prácticas conocidas como "Experiencias Guiadas", del Libro *Experiencias Guiadas*. Silo. Ed. Planeta.1991.

La protectora de la vida

Me imagino en una hermosa gruta tropical bordeada por un arroyo de agua cristalina. En el interior, una señora muy bella de porte digno y amable. Me acerco a ella.

Le indico que punto del cuerpo es más débil o enfermizo y le hablo de la disconformidad que siento con ciertos aspectos del propio cuerpo.

Veo a la señora tocando y vivificando el punto que le he indicado previamente. Escucho su enseñanza sobre el maravilloso instrumento que es el cuerpo y sobre lo afortunado que uno es, pese a las dificultades que parecen tan enormes.

Luego, bebo agua del arroyo y me alejo caminando por una playa de arena muy fina.

El niño

Me recuerdo como niño en el lugar y momento en que sufrí una injusticia. Comprendo y perdono aquella injusticia, mientras me imagino como niño corriendo feliz por un campo luminoso.

El temor

Me recuerdo en una situación frente a una persona, animal u objeto que me haya provocado un especial temor. Hago frente a la situación mientras observo que el factor de temor va perdiendo fuerza hasta resultar simpático.

El enemigo

Intento recordar a esa persona hacia el cual conservo una actitud de resentimiento. Recuerdo la situación que provocó ese estado y me propongo revertir la situación.

Imagino las situaciones negativas de la otra persona justo al momento en que está por caer en un abismo. Me propongo ayudarlo. Le arrojo una cuerda y logro salvarlo de una muerte segura. Siento una liberación interna…una profunda reconciliación en mi interior.

El gran error

Recuerdo el momento o los momentos en los que creo haber equivocado el rumbo de vida.

Momentos en los que uno supone que, si hubiera elegido bien, la vida actual sería más feliz.

Me veo en esa situación. Reconozco que el rumbo que se tomó en aquel momento era el único posible.

Considero que de haber procedido de otra forma las cosas hubieran resultado peor que en el momento actual. Me propongo a futuro tener elecciones más libres.

La nostalgia

Recuerdo relaciones amorosas o afectivas de mi vida que fracasaron. Me imagino en esas situaciones. Agradezco a la otra u otras personas involucradas, los momentos de felicidad y aprendizaje logrados al lado de ellas. Observo una bandada de alegres pájaros en el cielo azul.

El resentimiento

Me imagino de noche en un jardín oscuro bañado por la luna. Muy próxima la sombra de una persona que ha producido en mi mucho daño. Esta encadenada a un árbol y pide perdón y ayuda. Me decido a ayudarlo. Rompo su cadena y salgo caminando alegremente mientras se eleva el sol del amanecer.

La repetición

Estoy caminando de noche por un callejón estrecho, la luz es mortecina y hay bruma en el ambiente; aunque intento salir por callejuelas laterales, siempre vuelvo al mismo lugar. Aparecen tres carteles a modo de flechas señaladoras apuntando en direcciones diferentes. Uno dice: "Repetición de la vida", dando a entender lo que a uno le ha estado sucediendo. El segundo cartel dice: "Anulación de la vida", significando que por allí se va al desgaste, la pérdida de fuerza, la rutina y la eliminación del entusiasmo. Finalmente, el tercero, indica: "Más allá de la vida", mostrando que hay una posibilidad nueva que uno no ha aclarado suficientemente. Permanezco en la encrucijada un momento, meditando sobre la propia vida en relación a esos carteles. Por último, tomo la dirección del tercero, saliendo a una hermosa e iluminada avenida.

El viaje

Imagino que estoy en la cumbre de una montaña. Cerca mío desciende una nave como si se tratara de una burbuja transparente. Penetro en ella, partiendo a una increíble velocidad.

Se está viajando hacia un punto brillante que se agranda rápidamente. De pronto, en una explanada, se posa la nave. Descendiendo, una figura humana me ofrece una esfera luminosa que apoyo en mi frente, recibiendo energía, paz y bondad. Emprendo el regreso en la burbuja que desciende cerca de mi propia casa, con la sensación de que es posible renovarse internamente.

IV

HERRAMIENTAS PARA EL ACOMPAÑAMIENTO ESPIRITUAL

"Lo que llamamos "eternidad" es una suave y luminosa Fuerza, que anida en lo profundo de nuestra interioridad".

En esta parte se comparten algunas prácticas simples capaces de producir inspiración espiritual y cambios positivos en la vida diaria. Se pueden realizar individualmente, con un acompañante o grupalmente con amigos y familiares.

Es muy útil y recomendable que previamente a la práctica de estas experiencias, el acompañante haya leído las sugerencias desarrolladas en la parte dos de la Guía, y más precisamente en el apartado *Recomendaciones para el acompañante. Preguntas y reflexiones útiles* donde se dan algunas pautas y aspectos a tener en cuenta en el acompañamiento y en la realización de este tipo de prácticas.

El "Pedido"[10]

Objetivo: lograr el contacto con la propia interioridad y realizar un pedido profundo y sentido.

Desarrollo: lectura con voz suave y pausada del siguiente texto.

"En algún momento del día o de la noche, aspira una bocanada de aire e imagina que llevas ese aire a tu corazón.

Entonces, pide con fuerza por ti y por tus seres más queridos. Pide con fuerza por el 'Bienestar' de ti y de tus seres más queridos.

No destines mucho tiempo a esta breve oración, a este breve pedido, porque bastará con que interrumpas un instante lo que va sucediendo en tu vida para que en el contacto con tu interior se despejen tus sentimientos y tus ideas".

10. El Pedido. Silo. Exposición inaugural del Parque de Estudio y Reflexión La Reja. 07-05-2005.

Bienestar[11]

Objetivo: experiencia para realizar individualmente o en grupo en aquellas situaciones donde una o varias personas queridas están teniendo dificultades de salud o en su vida afectiva.

Desarrollo: lectura y reflexión guiada, con voz suave y pausada del siguiente texto.

"Aquí estamos reunidos para recordar a nuestros seres queridos. Algunos de ellos tienen dificultades en su vida afectiva, en su vida de relación o en su salud. Hacia ellos dirigimos nuestros pensamientos y nuestros mejores deseos.

Confiamos en que llegue hasta ellos nuestro pedido de bienestar. Pensamos en nuestros seres queridos; sentimos la presencia de nuestros seres queridos y experimentamos el contacto con nuestros seres queridos.

Tomaremos un corto tiempo para meditar en las dificultades que padecen esas personas...

---

11. Las prácticas de Bienestar, Asistencia y Muerte están extraídas y adaptadas del Libro *El Mensaje de Silo*. Parte III: "La Experiencia".www.silo.net

–Se da unos pocos minutos para que los concurrentes puedan reflexionar…–

Quisiéramos ahora hacer sentir a aquellas personas, nuestros mejores deseos. Una oleada de alivio y bienestar debe llegar hasta ellas…

Tomaremos un corto tiempo para ubicar mentalmente la situación de bienestar que deseamos a nuestros seres queridos.

–Se da unos pocos minutos para que los concurrentes puedan concentrar su mente…–

Concluiremos esta reflexión dando la oportunidad, a quienes así lo deseen, de sentir la presencia de aquellos seres muy queridos que, aunque no están aquí en nuestro tiempo y en nuestro espacio, se relacionan con nosotros en la experiencia del amor, la paz y la cálida alegría…

–Se da un corto tiempo…–

Esto ha sido bueno para otros, reconfortante para nosotros e inspirador para nuestras vidas. Saludamos a todos inmersos en esta correntada de bienestar, reforzada por los buenos deseos de los aquí presentes".

Asistencia

Objetivo: ceremonia de asistencia y reconciliación profunda para acompañar a quienes están muy próximos a su partida de este mundo.

Desarrollo: esta es una ceremonia de mucho afecto y exige que quien la realiza dé lo mejor de sí. La ceremonia puede ser repetida a pedido del interesado o de aquellos que cuidan de él. Cualquiera sea el aparente estado de lucidez o inconsciencia de la persona, el lector se aproxima a él hablando con voz suave, clara y pausada.

"Los recuerdos de tu vida son el juicio de tus acciones. Puedes, en poco tiempo, recordar mucho de lo mejor que hay en ti. Recuerda entonces, pero sin sobresalto y purifica tu memoria. Recuerda suavemente y tranquiliza tu mente...

—Se hace silencio por unos minutos, retomando luego la palabra con el mismo tono e intensidad—

Rechaza ahora el sobresalto y el descorazonamiento...

Rechaza ahora el deseo de huir hacia regiones obscuras...

Rechaza ahora el apego a los recuerdos...

Queda ahora en libertad interior, con indiferencia hacia el ensueño del paisaje...

Toma ahora la resolución del ascenso...

La Luz pura clarea en las cumbres de las altas cadenas montañosas y las aguas de los-mil-colores bajan entre melodías irreconocibles hacia mesetas y praderas cristalinas...

No temas la presión de la Luz que te aleja de su centro cada vez más fuertemente. Absórbela como si fuera un líquido o un viento porque en ella, ciertamente, está la vida...

Cuando en la gran cadena montañosa encuentres la ciudad escondida debes conocer la entrada. Pero esto lo sabrás en el momento en que tu vida sea transformada. Sus enormes murallas están escritas en figuras, están escritas en colores, están "sentidas". En esta ciudad se guarda lo hecho y lo por hacer...

–Se hace un breve silencio, retomando luego la palabra con el mismo tono e intensidad–

Estás reconciliado... Estás purificado...

Prepárate a entrar en la más hermosa Ciudad de la Luz, en esta ciudad jamás percibida por el ojo, nunca escuchada en su canto por el oído humano...

Ven, prepárate a entrar en la más hermosa Luz...".

Ceremonia de Muerte

Objetivo: acompañar con una reflexión profunda a los familiares y seres queridos que despiden a la persona que ha fallecido.

Desarrollo: lectura en voz alta del texto.

"La vida ha cesado en este cuerpo. Debemos hacer un esfuerzo para separar en nuestra mente la imagen de este cuerpo y la imagen de quien ahora recordamos…

Este cuerpo no nos escucha. Este cuerpo no es quien nosotros recordamos…

Aquel que no siente la presencia de otra vida separada del cuerpo, considere que, aunque la muerte haya paralizado al cuerpo, las acciones realizadas siguen actuando y su influencia no se detendrá jamás. Esta cadena de acciones desatadas en vida no puede ser detenida por la muerte.

¡Qué profunda es la meditación en torno a esta verdad, aunque no se comprenda totalmente la transformación de una acción en otra!

Y aquel que siente la presencia de otra vida separada, considere igualmente que la muerte solo ha paralizado al cuerpo; que la mente una vez más se ha liberado triunfalmente y se abre paso hacia la Luz…

Sea cual fuere nuestro parecer, no lloremos los cuerpos. Meditemos más bien en la raíz de nuestras creencias y una suave y silenciosa alegría llegará hasta nosotros…

¡Paz en el corazón, luz en el entendimiento!".

V

ANEXO A

El camino[12]

Se presentan aquí 17 temas de meditación y reflexión que se refieren al logro de la coherencia en el pensar, el sentir y el hacer.

El Camino invita a avanzar hacia la unidad interna y hacia la reconciliación profunda con uno mismo, con los demás y con la vida misma.

1

Si crees que tu vida termina con la muerte lo
que piensas, sientes y haces, no tiene sentido.
Todo concluye en la incoherencia,
en la desintegración.
Si crees que tu vida no termina con la muerte,
debe coincidir lo que piensas con lo que sientes

12. El Camino. Extraído del libro *El Mensaje de Silo*. Parte III. www.silo.net.

y con lo que haces. Todo debe avanzar hacia
la coherencia, hacia la unidad.

2

Si eres indiferente al dolor y el sufrimiento
de los demás, toda ayuda que pidas no
encontrará justificación.
Si no eres indiferente al dolor y sufrimiento
de los demás, debes hacer que coincida
lo que sientes con lo que pienses y hagas
para ayudar a otros.

3

Aprende a tratar a los demás del modo
en que quieres ser tratado.

4

Aprende a superar el dolor y el sufrimiento
en ti, en tu prójimo y en la sociedad humana.

5

Aprende a resistir la violencia que hay
en ti y fuera de ti.

6

Aprende a reconocer los signos de lo sagrado
en ti y fuera de ti.

7

No dejes pasar tu vida sin preguntarte:
"¿quién soy?"
No dejes pasar tu vida sin preguntarte:
"¿hacia dónde voy?"

8

No dejes pasar un día sin responderte
quién eres.
No dejes pasar un día sin responderte
hacia dónde vas.

9

No dejes pasar una gran alegría
sin agradecer en tu interior.
No dejes pasar una gran tristeza sin reclamar
en tu interior aquella alegría
que quedó guardada.

10

No imagines que estas solo en tu pueblo,
en tu ciudad, en la Tierra
y en los infinitos mundos.

11

No imagines que estas encadenado a este
tiempo y a este espacio.

12

No imagines que en tu muerte se eterniza la
soledad.

ANEXO B

La Atención

Ejercitar la **atención** es una herramienta fundamental para el acompañamiento. La "atención pura" se refiere a aquella sensación que se tiene cuando se logra: relajar el cuerpo y concentrar los pensamientos y las emociones en aquello que estoy haciendo, sin juzgar, sin opinar, en paz… sin preocupaciones adicionales. Cuando estoy acompañando, particularmente en los momentos de "fin de vida" esta práctica y esta actitud de "estar plena y esencialmente con el otro" es de extraordinaria ayuda.

"La atención pura es la mejor expresión del amor"

Lo opuesto a la atención es la distracción, es estar con el cuerpo en un lugar, con los pensamientos en otra cosa, con preocupaciones, juzgando, discutiendo internamente y/o con mis emociones perturbadas.

"¡Estoy en lo que estoy… y no en otra cosa!"

¡"Estoy acompañando… y no en otra cosa!"

Hay ejercicios simples para fortalecer e ir grabando interiormente las sensaciones que corresponden a una "atención" y a una "presencia plena" en lo que "estoy". Aquí uno de ellos que se apoya en la propia respiración:

1. **Relajar el cuerpo, las emociones y la mente** (uno puede apoyarse en la práctica descripta en el Capítulo III, "Relax externo, interno y mental").

2. **Concentro mi atención hacia mi interioridad y siento mi respiración.** Todo mi "ser" se concentra en el ritmo de la respiración… atiendo y me concentro solamente en la sensación interna de la respiración…. Permanezco atendiendo a esa sensación durante dos o tres minutos. Luego, al finalizar, "agradezco" interiormente.

Intentar ejercitar y fortalecer estas sensaciones de "estar plenamente presente" en aquello que estoy haciendo… y que esta actitud de estar relajado, en paz y plenamente atento a mi interioridad y a la interioridad de quien acompaño sean la base de mi actitud del acompañamiento y ayuda a otros.

Bibliografía de referencia

Listado de libros y manuales que han sido utilizados como referencias bibliográficas para la confección de esta Guía.

Ammann, Luis A. *Autoliberación*. Ed. Altamira, Argentina, 2004.

Benito E., Barbero J., Payás A. *El acompañamiento espiritual en cuidados paliativos*. SECPAL.Ed. Arán, Madrid, 2008.

Benito E., Barbero J., Dones M. *Espiritualidad en Clínica*. Buenos Aires. Ed. Biblos, 2015.

El Libro de La Comunidad. La Comunidad –para el desarrollo humano–. Buenos Aires. Ed. El País, 2009.

Ergas, Rosa B. *Luz en el Umbral –Guía y pautas para el bien morir–*. Santiago de Chile. Ed. Cadaqués, 2007.

Kubler-Ross, Elisabeth. *La muerte: un amanecer*. Barcelona. Ed. Luciérnaga, 2001.

Ministerio de salud. *Manual de Cuidados Paliativos para la atención primaria de la salud*. Argentina, 2014.

Rimponché, S. *El libro tibetano de la vida y la muerte*. Barcelona. Ed. Urano, 2006.

Silo. *Experiencias Guiadas*. Buenos Aires. Ed. Planeta, 1991.

Silo. *La Mirada Interna*. Argentina. Plaza y Valdez, 2004.

Silo. *El Mensaje de Silo*. Rosario. Ed. Ulrica, 2007.

Silo. *Humanizar la Tierra*. Buenos Aires. Ed. Leviatán, 2011.

www.ingramcontent.com/pod-product-compliance
Lightning Source LLC
Chambersburg PA
CBHW071240130726
47998CB00003B/1011